AF391245

VENTE DU JEUDI 30 AVRIL 1868

TABLEAUX ANCIENS

Mᵉ CHARLES OUDART	M. ÉMILE BARRÉ
COMMISSAIRE-PRISEUR	EXPERT

RENOU ET MAULDE

IMPRIMEURS DE LA COMPAGNIE DES COMMISSAIRES-PRISEURS

Rue de Rivoli, 144.

CATALOGUE

DE

TABLEAUX

ANCIENS

DES DIVERSES ÉCOLES

DONT LA VENTE AURA LIEU

HOTEL DROUOT, SALLE N° 9

Le Jeudi 30 Avril 1868

Par le ministère de Me **CHARLES OUDART**, Commissaire-Priseur,
boulevart des Italiens, 26 ;

Assisté de M. **ÉMILE BARRE,** Expert, rue de la Chaussée-d'Antin, 20,

CHEZ LESQUELS SE DISTRIBUE LE PRÉSENT CATALOGUE

Exposition Publique

LE MERCREDI 29 AVRIL 1868

PARIS

RENOU & MAULDE

IMPRIMEURS DE LA COMPAGNIE DES COMMISSAIRES-PRISEURS

Rue de Rivoli, 144.

1868

CONDITIONS DE LA VENTE

———————

Elle aura lieu au comptant.

Les Acquéreurs paieront en sus des adjudications, CINQ POUR CENT applicables aux frais.

DÉSIGNATION

BRONZINO.

1 — Portrait de personnage en costume noir.

2 — Portrait d'un jeune Prince de la maison de Savoie.

3 — Portrait d'un autre jeune Prince. (Pendant du précédent.)

BOUCHER (École de).

4 — Éducation de l'Amour.

5 — Pendant du précédent.

BRAWER.

6 — Paysan tenant un pot à la main.

BEAUBRUN.

7 — Portrait d'Enfant en costume de l'époque de Louis XIII.

CUYP (A.).

8 — Nature morte.

CHARDIN.

9 — Portrait de jeune Garçon en costume Louis XVI.

10 — Portrait de vieille Femme. (Pastel.)

CLOUET (École de).

11 — Portrait de personnage en costume du xvıe siècle.

12 — Portrait de Dame en costume du xvıe siècle.

CUYP.

13 — La Marchande de volailles.

DIEPENBECK.

14 — Portrait de Richard Cromwell.

15 — Portrait de Femme. (Pendant du précédent.)

DIRCK MAAS.

16 — Réunion de Savants sur la terrasse d'un château.

DAVID TÉNIERS.

17 — Le Four à briques.

18 — Le Joueur de musette.

19 — Le Buveur. (Pendant du précédent.)

DIÉTRICY.

20 — Diane et Actéon.

DUPLESSIS (H.).

21 — Halte de Guerriers près d'un château en ruines.

22 — Pendant du précédent.

ÉCOLE FRANÇAISE.

23 — Portrait d'Enfant endormi.

24 — Pendant du précédent.

25 — Scène d'intérieur.

26 — Sainte Rosalie.

ÉCOLE ITALIENNE.

27 — Anges célébrant la gloire de la Vierge et de l'Enfant
Jésus.

ÉCOLE ITALIENNE.

28 — Amours se livrant au jeu.

HUBERT-ROBERT.

29 — Intérieur de cour, avec figures.

HUET.

30 — Le petit Pêcheur.

31 — La petite Fermière. (Pendant du précédent.)

HOLBEIN (École de).

32 — Portrait d'Homme vêtu d'un riche costume ; la tête couverte d'un bonnet orné d'une médaille.

HUGTUMBURG.

33 — Départ pour la chasse.

JEAURAT.

34 — Nature morte.

JUNG.

35 — La Défense du Drapeau.

LARGILLIÈRE.

36 — Portrait de Dame en costume Louis XIV.

FRANCK.

37 — La Prédication de saint Jean.

FRAGONARD.

38 — Suzanne et les Vieillards.

FRAGONARD (École de).

39 — Une heureuse Mère.

FYT.

40 — Gibiers, Oiseaux morts.

MOLNAER.

41 — Maison rustique au bord d'un canal.

42 — Pendant du précédent.

MIREVELT.

43 — Portrait d'Homme en costume noir et collerette blanche.

MAAS.

44 — Portrait de Dame en costume de l'époque Louis XIV.

45 — Portrait d'Homme. (Pendant du précédent.)

MICHAU.

46 — Canal glacé et Patineurs.

NETSCHER.

47 — Portrait de Durey de Biancourt.

OSTADE.

48 — Intérieur de Taverne hollandaise.

PANINI.

49 — Paysage avec ruines et figures.

50 — Autre Paysage. (Pendant du précédent.)

J.-F. ROUSSAUX (Signé, daté 1759).

51 — Vue du Château de Joy-le-Duc.

52 — Pendant du précédent.

SCHAL.

53 — Scène pastorale.

VAN HEDA.

54 — Nature morte.

VAN LEYDEN.

55 — Enfants dans un parc.

VERBRUGEN.

56 — Bouquet de Fleurs dans un vase.

57 — Pendant du précédent.

VAN GOYEN.

58 — Château-fort au bord d'un canal.

VIGÉE-LEBRUN.

59 — Portrait de Dame coiffée d'une étoffe rayée.

VAN BOONEN.

60 — Portrait de Seigneur en costume de chasse.
Il est représenté à sa fenêtre, entouré de gibier.

61 — Portrait de Dame. (Pendant du précédent.)

VAN DER DOÈS.

62 — Paysage, Figures et Animaux.

VAN ECKOUT.

63 — L'Antiquaire.

VAN DELEN.

64 — Intérieur de palais avec colonnades, animé de personnages.

WYNANTZ (de Bruxelles).

65 — Vue d'un Canal près d'Amsterdam.

WALLAERTS (Signé).

66 — Port de Mer en Italie.

WATTEAU.

67 — La Collation champêtre.

ZUCCARELLI.

68 — Site italien.

TABLEAUX DE L'ÉCOLE ITALIENNE

ALBANE.

69 — Jésus guérissant les malades.

BELLINI (École de).

70 — Portrait de femme.

BARNABEI.

71 — Sujets mystiques. (Deux pendants.)

BORONE.

72 — Christ portant la croix.

BONIFAZIO.

73 — Sainte Famille et sainte Claire.

CARLO CIMA.

74 — Sainte Famille.

CARRACHE.

75 — L'École des Amours.

CASTELLO.

76 — La Toilette de Vénus.

GIORGIONE (Attribué à).

77 — Portrait d'homme.

LOTTO.

78 — Portrait d'homme.

LIBÉRALE DE VÉRONE.

79 — La Vierge, l'Enfant et saint Joseph.

OLIVIERI.

80 — Deux Paysages.

ÉCOLE ITALIENNE.

81 — Portrait d'homme.

82 — Tête de Vierge.

83 — Orphée.

84 — Baptême de Jésus-Christ.

85 — La Vierge et l'Enfant.

86 — Portrait de dame, en riche costume.

87 — Saint guérissant un boiteux.

88 — Grisaille. (Esquisse.)

ÉCOLE FLAMANDE EN ITALIE.

89 — Paysage avec Animaux.

90 — Les Aveugles.

ÉCOLE VÉNITIENNE.

91 — Portrait d'homme.

92 — Portrait d'homme.

ÉCOLE HOLLANDAISE.

93 — Marine.

94 — Deux Paysages, d'après Paul Brill.

PORBUS (École de).

95 — Portrait d'homme.

96 — Portrait de dame.

VÉRONÈSE (École de).

97 — Tête de Jeune Fille.

TITIEN (École de).

98 — Tête d'homme.

RENOU et MAULDE, Imprimeurs de la Compagnie des Commissaires-Priseurs,
rue de Rivoli, 144.   14150

Vendredi 1 voir

2 Bordures —
2 Tableau sans cadre
1 Tableau de Cuyp m[?] de volaille
1 Hon de Kocter
1 Tête d'homme de V. Dyck —
1 Portrait d'homme —
2 id —
2 autres —
1 Bonington
1 Tableau —
2 autres —
1 Vierge et Jésus
1 Brauwer
1 Tableau
1 Jean Diaz —
1 Tableau
1 Tableau
1 Portrait de dame
1 esquisse
2 Derniers —
1 Tableau
1 Pastel
1 Tableau
1 Junge

27 Tableau et 2 Bordures
et 7 Tableau non vendus —

3 Tableau et 2 Bordures